Learning to Count in Greek
Μαθαίνω να Μετρώ

1 2 3

Maria Wood

Για τον Ιάκωβο και την Χριστίνα

Text copyright © Maria Wood, 2022
All rights reserved

ISBN: 978-0-6455454-1-8

For more information or purchase enquiries please contact maria@daisydesigns.com.au
or visit www.daisydesigns.com.au

Learning to Count in Greek
Μαθαίνω να Μετρώ

ένα

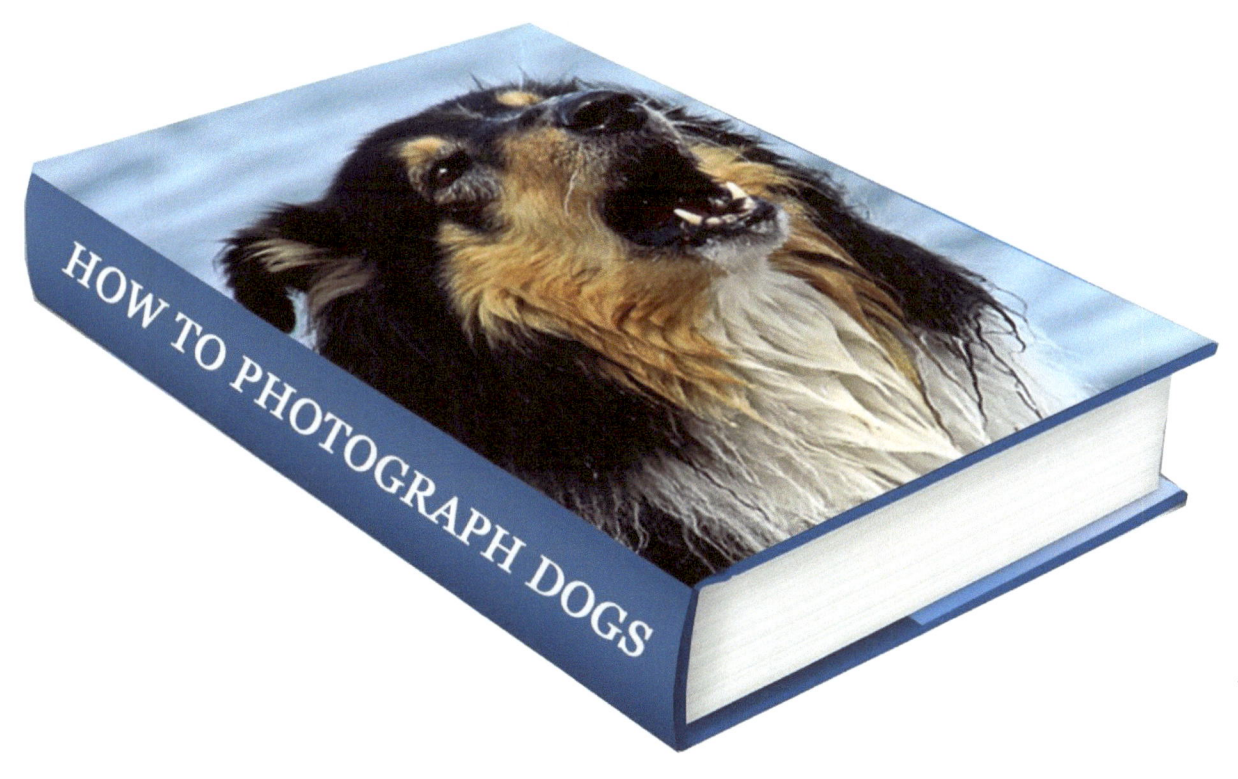

ένα βιβλίο

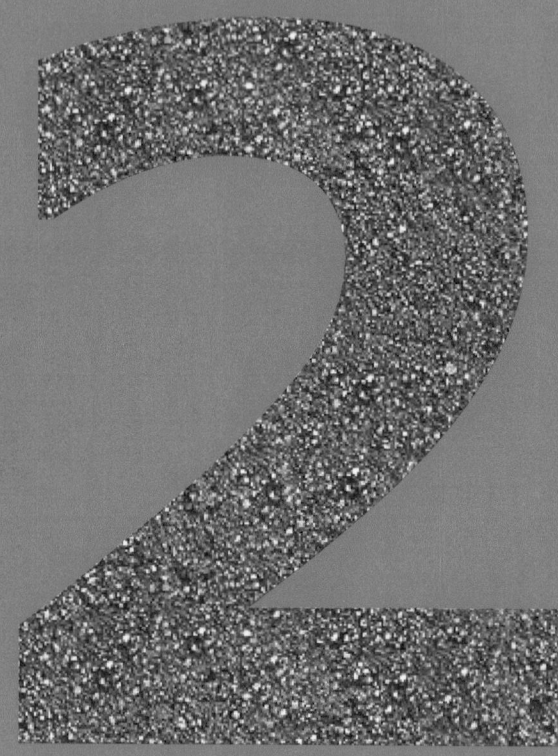

δύο

δύο δώρα

3

τρία

τρία μήλα

τέσσερα

τέσσερα λουλούδια

πέντε

πέντε φράουλες

έξι

έξι αυτοκίνητα

εφτά

εφτά μπάλες

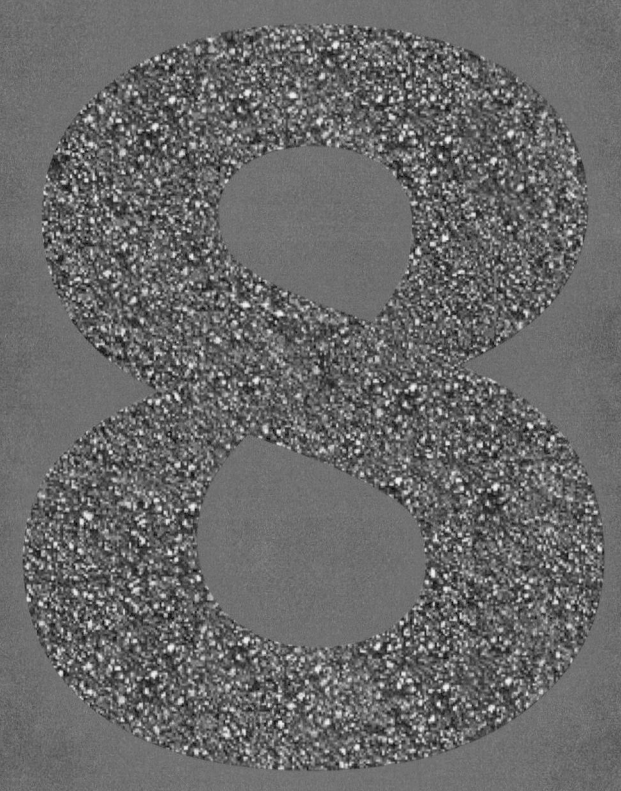

οχτώ

οχτώ φύλλα

εννέα

εννέα αστέρια

10
δέκα

δέκα μολύβια

About the Author

Maria Wood is a teacher and tutor from Melbourne, Australia. She teaches students across all year levels in Mathematics, Biology, English and Greek, with a particular interest in numeracy and literacy in the early years. She has been educating students in these areas for over fourteen years. Maria is also a mother of two children- James and Christina. She loved teaching her children how to read when they were younger and wrote several Greek books in order to help them learn Greek as a second language. Other people also used these books with their children. This encouraged Maria to self-publish her books in the hope that they will help other young children to develop their language skills in Greek.

Λίγα λόγια για την συγγραφέα

Η Μαρία είναι καθηγήτρια στη Μελβούρνη, Αυστραλία. Διδάσκει μαθητές σ' όλα τα επίπεδα στα Μαθηματικά, Βιολογία, Αγγλικά και Ελληνικά. Διδάσκει μαθητές σ'αυτούς τους κλάδους για δεκατέσσερα χρόνια. Η Μαρία είναι μητέρα δύο παιδιών, του Ιάκωβου και της Χριστίνας. Θέλοντας να δώσει τις καλύτερες ευκαιρίες στα παιδιά της, κατά τη διάρκεια που τα δίδασκε Ελληνικά, έγραψε ταυτόχρονα και βιβλία σε απλή Ελληνική γλώσσα για να βοηθήσει τα παιδιά της να κατανοήσουν και να εξοικοιωθούν με τη γλώσσα καλύτερα. Αυτό ενθάρρυνε την Μαρία τελικά να εκδόσει τα βιβλία της για να βοηθήσει και άλλα παιδιά στη μάθηση των Ελληνικών.

www.ingramcontent.com/pod-product-compliance
Lightning Source LLC
Chambersburg PA
CBHW041429010526
44107CB00045B/1547